IL N'Y EUT PAS DE RÊVE CETTE ANNÉE-LÀ
suivi de
FRAGMENTS DE SOI
de Luc A. Bégin
est le trois cent soixante-quatrième ouvrage
publié chez
VLB ÉDITEUR.

IL N'Y EUT PAS DE RÊVE CETTE ANNÉE-LÀ
suivi de
FRAGMENTS DE SOI

du même auteur

L'ABITIBIEN-OUTAN suivi de L'ARIANE (récits).
Éditions Miniatures, Montréal, 1966

LE FIRMAMENT TROP CRU (poèmes). Éditions Aquila,
Montréal, 1971

VERTIGES (poèmes). Éditions Aquila, Montréal, 1972

DEPUIS SILENCE (poèmes). Hurtubise-HMH, Montréal 1977

ENTRER EN LIBERTÉS (poèmes). Chez l'auteur, Montréal,
1981

D'APRÈS-NOUS (choix de poèmes 1968-1983).
Éditions JCL, 1984.
(Prix Air Canada 1984 de la Société des écrivains
canadiens)

Luc A. Bégin

Il n'y eut pas de rêve cette année-là

suivi de
Fragments de soi
poésie

VLB ÉDITEUR
1339, avenue Lajoie
Outremont, Qc
H2V 1P6
Tél.: (514) 270.6800

Maquette de la couverture:
Mario Leclerc

Illustration de la couverture:
Une galaxie spirale
(constellation de la Grande Ourse)

Photocomposition:
Atelier LHR

Distribution:
Diffusion DIMÉDIA
539, boul. Lebeau
Ville Saint-Laurent, Qc
H4N 1S2
Tél.: (514) 336.3941

Liminaire

Des années décousues, sans fête, ni guerre,
ni passion consolatrice pour bien souffrir
sa vie, sa mort, qu'importe. Être
enfin à l'intérieur, de soi,
alors que l'intérieur, le très intime,
s'occupe à des oublis.

Rues et mains désertes, cœur dessaisi
de cris et d'imprévu, ce fut, ces années-là
l'étouffement en vie, en poésie.
En témoigne un froid de misère
dans les murs.

De-là, de ça, j'ai voulu arracher le poème,
ce peu de vérité. Est-ce poème
ce corps déformé, un rire dans les étoiles,
une ruelle à aimer?
Je ne sais pas.

Il n'y eut pas de rêve cette année-là

Où est passé l'apaisement
des fleurs matins   C'était
le parc c'était la plage
sous le sein   C'était
le choc qu'éprouve le visage au bout des doigts
Où est passé le plein regard
Soleil venait en nous
pour se laisser mourir
Où sont passés les grands chemins
et leurs odeurs de lèvres

Brusquement   depuis toujours
l'arbre d'en avant est mort
dépaysé par son nord

c'est arrivé d'où je reviens
d'un nœud dans la pensée
d'un mal mou dans les jambes

il est tombé de ses souffrances
mais en secret

la rue, depuis, est devenue froussarde
misère est folle

Il s'appelait comment, déjà

D'en haut, la tête en bas,
ça va plus loin
                   la jungle
que l'œil y voit
ça rend si noir
qu'on s'y envoie

Écrire aussi tremble de mourir

. chat grimpe dans l'enfance .
. une bouillie d'étoiles mange le ciel .
. demain a du grand noir sous les yeux .
. matin est une ligne aérienne sur la main .
. l'aventure est dans le corps brûlé des allumettes .
. l'avion brûle d'être un pays .
. l'œil mord dans les champs .
. l'herbe arrachée pleure sous la dent .
. mourir comme l'herbe arrachée .

puis-je t'écrire à plus tard
sans encourir de mort
de moindre mal

La nuit pense à elle
le taxi parle à son étoile
les abat-jour ouvrent les yeux
les chambres se retirent

derrière chez nous, l'été
pendu sous la lune,
il n'y a pas de rêves

À propos de restes traînant
dans les champs et à propos de champs
souffrant de flambées d'arbres fous

     sommeil ne sait rien

nuit s'égorge et s'efface
dans sa boutique d'âmes

Novembre est atteint
ombres occupent l'esprit
                    parfaitement

déménager
changer de ruelle
pour un crâne autrement beau
de lune
et pour des nuits qui voient au moins
mourir le ciel

Rêve, griffes sorties
vivra   vivra-t-il
les yeux vanille du matin

Ça commence par un chat
ça sent le verglas
ça vit sans fracas
ça ne s'explique pas

ce pays-ci et patata
                    ne casse pas
mais passe-t-il

Moineau,
ton cou étranglé,
la fusée se dégrise
il n'y a plus que des printemps de tête
Mais la branche meurt chaque jour
d'amour pour toi

Moineau,
vieille angoisse
le long des nuits d'usure,
le vent seul t'accompagne
dans le fossé
du plus souffrant

Silences de plume dans la sauvagerie
quelques moineaux de rien

                              sèchent
dans n'importe quelle neige

pensent-ils seulement que je fais le silence
ou qu'il me fait

D'Ensenada et d'Estonie
pour taire les vents crieurs
et faute d'ailes
le vol,
de joie,
se pose sur la bouche

d'Elle
qui se tristesse
qui s'épouvante d'être dehors

    De si longtemps de si secret
peut-on revenir

Nous, sauvages-nés,
cueillons nos images dans les champs

Elles attendent, sous la lampe,
d'être refaites

    soleils des dimanches fauchant dans la main
    les bouquets de misère

Brûler des mots quand la perfection leur fait mal
en faire de vrais silences comme d'autres
font feu dans le vent

brûler de silence
revenir de douleur
et tenir une fin
à la main

Pays veut dire:
trouver (en quelle nuit
en quelle étoile née) le corps
qu'a le tranchant matin
                    pour s'allumer

Pays veut dire enfin

Déplumé comme déluné
contraint de voir ce qu'il y a à voir...

la rue s'est liquidée et ne sait plus rien
les cheminées ne trompent plus
le plaisir n'habite nulle part
la langue s'explique mal
l'image n'a jamais été aussi inexistante
les rêves dorment dans la cuisine
dehors ne craque plus...

je reste de nuit

C'était beau, c'était chaud
nos maisons grandes comme la main mais
grandes jusqu'à l'aube
les amis en délire d'avenir
la musique
en douleur dans l'avril
et la bière partagée entre le rire et
les larmes

      La poésie
faisait l'ouvrage dans sa langue
les trottoirs d'eau fumaient des fleurs
et la clarté suivait la hanche sous nos mains

Matin, dehors,
le vent trouvait des arbres au bord des rues
soleil dormait dans nos oreilles
et l'aile se laissait monter

      La vie,
venant de nous, allait de l'un à l'autre
par plaisir

C'était beau, c'était chaud
ces années sans faiblir

Et puis, quand c'est fini,
pourquoi parler de meurtres d'âme
de trois, de quatre
printemps pourris
quand nos maisons sont mortes

parce que c'est vrai et qu'il faut en parler
comme d'une chose vraie

Nous revoici, les poches vides les yeux pochés,
argent sur les lèvres comme on parlait
d'amour et d'autres bêtises

Lettre aux amis disparus dans un fouillis de
nuages et de rimes, après une émotion perdue,
par un jour d'encre et de suffocation, parce que
c'était moins beau que prévu

Où êtes-vous
monstres aux adieux faméliques
où serez-vous l'an prochain
ou jamais

et suis-je banni de telle vie
malmené parmi tant de rigueur
bouche tordue pour quelques vérités
mains trop pâles et déchirées

Au moment de tomber

remonter dans la gorge exactement comme quelque
    chose qui ne passe pas

écrire sur les lèvres qu'on ne sait pas se taire

mettre le corps dans l'effort

et tenir ma vie dans la tienne

Aux bruits perdus, aux pêle-mêle
aux déchirés de l'âge

mourir tombe mal
noirceur fait la chasse
secret s'efface

Ça ne se fait pas
mourir comme ça
petit, dimanche, tout noir
tournant de rue

Ayant fui les troupeaux, les idées
pavoisées, les raisons rassurantes,
n'en pouvant plus de l'état pur,
des mensonges à son cou

il resta dans mes pas

    la beauté simple du soleil
    le château fou de douleur
    la lumière sans masque
    l'horreur d'être vide

Rappelle-toi   rappelle-moi
l'été traînait sur une île
comme une hanche calme
la peau d'autour était sans nuage
mais le sexe   coupe sombre
était défiguré par le visage

l'île, depuis, a noyé le désir
l'été est annulé   je me rappelle
ce corps-à-deux

Le temps venu   quand tu voudras
le temps souffrant au bord des rues
nous irons vivre une journée de plus
de feu et d'imprévu

nous tomberons en rêves et en moissons
penchés sur des prairies
                              comme sur des larmes

L'idée   (venue d'enfance)
d'un corps perdu me cherchant
dans ton corps   (pour y rester)
ne nous égare plus
mon amour

passe-la sous silence
éteins la lumière
et, par-dessus tout, ouvre
les yeux

moineaux sont en feu dans la fenêtre

Nos cœurs fatiguent dans les hauteurs

redescendons nous aimer
dans les chambres à deux sous
les draps
muscles tranchants
peau décousue
et mains revenues

On penserait que c'est l'intérieur
d'un corps mais c'est
                    la nuit
avec ses remuements
on penserait que c'est insoutenable
mais ça se vit
                    l'aveuglement
des yeux se saisissant

Il n'y a plus de grand froid ni même de froid du tout
entre nous
mais il y a une espèce de fracture en nous
elle est là comme chez elle
parlant à notre place

un jour qu'elle passera les lèvres
nous la prendrons dans nos bras
pour qu'elle s'endorme

chut

1985-1986

Fragments de soi

ô jongleuse   notre enfance
retombe en démence

JACQUES BRAULT

Quelque chose d'extrêmement fou
d'une beauté folle à écrire
peut arriver
          (peut-être)

mais folie est un cri qu'on n'entend pas par écrit
mais par gorgées de nuit
quand bruit ne bouge

Un sacré beau fouillis
de bêtes h
                    u
                        m
                            i
                                liées
de dos brisés
empire le secret

sortez-en   sortez-le
qu'on le regarde en face
                            enfin
ce fou des dieux

Écoute,
            je te parle
château de mes tripes
écrit de la parure
quel est ce corps défiguré par la fumée
et qui me parle rage

hiver casse le fil d'aller
comment vit-on si décousu

Maudit enragé d'enfant
maudit fou d'enfant de pois
maudit loup chouchou
maudit dieu big bang
maudit
     mot
        dit
           menteur

tu brûles tu brûles

Peur à l'état pur
n'a pas de nom:

l'eau brûle bien
le temps tue sa longueur
l'espace perd la place
le corps se vend, éperdu,
à mille morts

fusils fumants qu'émerveille le froid

On fait des lettres d'amour pour inconnu
inconnu fait pareil

chacun fait sa part d'incroyable,
personne ne fait peur à l'autruche

quelqu'un fait semblant dans l'oreille
quelque peu fait très froid

on fait des nœuds pour la fin
et l'enfant

        de si près qu'il m'égare

fait sa rage de couteau dans les mains

Ne m'appelez pas encore
je viens de trouver
                    là,
dans ce plaisir précis que prend le corps
lorsqu'il se fend,
l'odeur abandonnée par un enfant

poisson de tête   tripes méchantes
et tant d'âmes tombées de l'inconsolable désir
de ses yeux

Le livre s'ennuie
les murs grimpent
l'histoire abandonne le soleil
l'enfant se fâche noir
il maudit fort
il hurle haut
            (les yeux coupés)
contre l'affreusement nuit

Le monde d'il était une fois
son visage derrière moi s'éparpille

Ne mêlons pas les cris à cette histoire
pour la finir   elle n'en finira pas
de couler dans la rue
l'inavouable

tu es celui qui mêle ses visages
je suis celui qui prend le sien
en étranglant l'image
                    du regard qui
                              t
                                o
                              m
                          b   b
                        e   m   r
                    dans son o   e

C'est peu de chose à dire

que le matin est une douleur subite que le pain
est en cage que le regard guette chaque bruit
qu'une lettre n'est pas attendue
que l'éclaircissement ne viendra pas que la radio
parle bête que les déchets ouvrent la bouche
que les trains ruinent les murs que la voix parle
dans la friture que le visage
est déchiré que l'enfant est une ombre
que le livre tombe des mains que la lumière
rouille les murs que l'eau n'éclaircit rien
que les arbres sont vides que le chat est dans
l'échelle que la douleur est moins nette
que je vais écrire à ton silence que tes hanches
me dévorent qu'il est temps de refaire
de la vie le visage

et c'est à peu près ça

Je ne sais pas pourquoi ce printemps s'ouvre
à quoi il mène
Quelqu'un, sûrement, d'être impossiblement seul
me prend contre lui

Serait-ce désir en demeure

L'écrire fait encore un peu mal,
ou suis-je étourdi de l'écrire en printemps

Je vis en chemins de toute sortes mais
en chemin, d'un pas qui finira par se perdre
mais qui ne finit pas de se trouver
là où je vais

Le vent est enfin doucement libre

pour Julien Bigras

Tu es mort d'une simple mort d'homme mais seul
tu n'es pas seul
Des enfants revenus à eux-mêmes
et follement se parlant
font deuil
pour seule route
Ils apprennent à marcher à leur pas
à aimer à écrire
Merci

Vous êtes
       beautés éclatées
seules fleurs que le jardin désire
cette année

En vous seules jardin respire
par vous seules passe son sang
l'orage   yeux noirs   vous va bien
comme l'air attendri par la main

Mais serez-vous demain
du corps et des larmes du corps
quand le jardin s'allume quand le jardin s'éteint

Dans toutes les circonstances d'écrire
à tel ou tel chemin croisé   à la main
à ta main   aux courbes à défendre
au massacre des rêves
à l'aventure   au goût de miel
au soleil debout sur une île
au soleil couché sur la joue
à ta main toute fraîche
qui vient de passer sur ma main

laisser nos blessures
si vivantes si mortelles
faire un bruit de douceur

Décembre 1988 — Juin 1989

Écrire, aimer,
il n'est jamais trop tard pour s'y mettre.

JACQUES BRAULT

Table

FRAGMENTS DE SOI

CET OUVRAGE
COMPOSÉ EN BODONI CORPS 12 SUR 14
A ÉTÉ ACHEVÉ D'IMPRIMER
LE NEUF NOVEMBRE
MIL NEUF CENT QUATRE-VINGT-DIX
PAR LES TRAVAILLEURS ET TRAVAILLEUSES
DES PRESSES DE L'IMPRIMERIE GAGNÉ LTÉE
À LOUISEVILLE
POUR LE COMPTE DE
VLB ÉDITEUR.

Ce livre est imprimé sur
du papier contenant plus
de 50% de papier recyclé
dont 5% de fibres recyclées.

IMPRIMÉ AU QUÉBEC (CANADA)